저녁 물살이
호수처럼
가슴에 고일 때

박미선 시집

시인의 말

일상 속에서 우리가 얼마나 쉽게 희망을 잃고 꿈을 잠재워두는지 다시 생각해 봅니다.

어둠 속에서도 조용히 스며드는 햇살의 파편을 펼쳐 봅니다. 그것은 아주 작은 빛일지라도, 우리의 마음 한구석에 남아 있는 희망과 꿈을 다시 일으켜 세울 수 있다는 믿음입니다.

나는 나도 모르게 포기했던 꿈들과 다시 마주할 용기를 얻었습니다. 아침 햇살처럼, 아주 작은 변화와 희망이 내 삶을 다시 비출 수 있다는 사실이 위로가 됩니다.

이 시집은 일상에 지친 우리 모두에게, 다시 꿈꾸고 일어설 수 있는 힘을 조용히 건네주는 따뜻한 위로의 시집이기를 기원합니다.

2025. 박미선

차 례

● 시인의 말

제1부 햇살의 파편 잠든 꿈을 깨우다

11　고요한 혁명, 잎새의 속삭임
12　5월의 기도
13　가을의 기도
14　마음의 신록, 회복의 노래
15　처마의 종소리
16　마침내 봄
18　햇살의 파편, 잠든 꿈을 깨우다
20　초록의 기도, 빛의 언덕에서
22　인연
23　산 사나이의 눈물
24　다육이
26　빛과 그림자의 경계에서
28　빗속에서 만났던 인사동 카페
30　대관령 옛길 노무현대통령쉼터
32　믿음의 기도
34　당신은 새벽의 숨결

제2부 악어백 그 밤의 미로

- 37 돌하루방
- 38 섯알 오름의 바람 제주
- 40 세한의 집에 앉아
- 42 알뜨르비행장 아래
- 44 제주, 유채꽃
- 46 제주 화산
- 48 제주, 천지연폭포
- 50 앵프라맹스(INFRAMINCE)
- 52 악어백, 그 밤의 미로
- 53 미역의 노래
- 54 어머니 왕주목에 바치는 시
- 56 영진항 바닷가
- 57 정동 심곡항 부채길
- 58 정동진 겨울바다
- 59 태백, 그곳에 가면
- 60 오물풍선
- 62 멍때리기

차 례

제3부 자작나무 숲속

65　붉은 장미의 노래

66　5월에 핀 감자꽃

68　까맣게 타버린 봄

70　더덕라떼

72　더덕을 캐던 날

74　붉은 작약

76　산등성이에 핀 꽃

78　쑥버무리

79　자작나무 숲속

80　언약의 무지개

82　오월, 아카시아의 시간

84　이팝나무 아래에서

86　대관령에 핀 눈꽃

87　매화여, 깊은 밤 붉게 피었네

88　고생대 하늘

90　튤립, 붉은 파동

92　매심사梅心舍

제4부 중년의 취미

　95　태백산맥

　96　윷놀이

　97　설레임 태백산

　98　나의 할인 코너

100　카페 기와

101　중년의 취미, 덕질에 대하여

102　아버지의 그림자

104　첫사랑

105　바벨탑

106　무인점포에서

108　무상수리 고객통지문

110　무너진 1.5도

112　모내기, 왜가리 놀다

114　가발

시해설　115　과거의 반추와 현재의 성찰을 잇는 순수 이성

제1부
햇살의 파편 잠든 꿈을 깨우다

고요한 혁명, 잎새의 속삭임

바람은 말이 없다 그러나 안다
새벽의 빛이 어둠을 밀어내는 창조의 꿈

투명한 초록의 귀 햇살의 손끝에
떨리는 작은 숨결
그 속삭임이 세상을 바꾼다

누구도 보지 못한 잔잔한 파문
한 줄기 바람이 수 만개의 잎새를 흔들고
그 떨림이 시간의 결을 바꾼다

혁명은 우렁찬 함성이 아니라
잎새의 속삭임 고요한 결의
빛과 그림자가 조용히 맞닿는
이 아침의 가장자리에서 나는 듣는다

고요하지만
결코 멈추지 않는 잎새의 혁명

5월의 기도

흔들리는 언어로 속삭이는 초록의 기도문
나는 조용히 손끝을 모은다

잎사귀마다 맺힌 이슬의 의미를 읽으며
내 안의 오래된 찔레꽃 순정을
리트머스지에 내려 놓는다

도시는 여전히
분주한 봄꽃 놀이 축제
나는 오늘
눈부신 햇살을 따라
내 안의 작은 평화를 허락한다

모든 시작이
이토록 부드럽게 내려앉을 수 있다면
나는 꽃대가 되어
5월의 꽃을 활짝 피우고 싶다

가을의 기도

테라스 위에 가을이 웃는다
늦은 장미꽃 화분은 차 향기를 피우고
피운 꽃을 지우지 못하고
차가운 비가 내린다

가을은 아쉬운 여운을 남기며
작별을 고하고
황금빛으로 활짝 피어난 은행잎은
환한 꿈과 노래가 숨결처럼 울려 퍼진다

심연을 가로지르는 아름다운 선율은
시선을 타고 은행잎 속에 머물고
깜짝 놀란 바람은
또르르 소리를 내며 굴러 간다

여름의 장미는
발길을 멈추고 세월을 그리리라
10월을 지나 다시 여름을 기다리며
발길을 멈추고 세월을 다시 그리리라
아름다운 두 눈을 꼭 감고
아름다운 기도를 올리리라

마음의 신록, 회복의 노래

유리창 너머로
새벽의 초록이 번진다

어제의 그림자 먼지처럼 쓸려가고
내 안의 숲을 더듬는다

잊힌 이름들
무너진 계절의 틈새에서
한 줄기 바람이 이끼를 쓸어낸다

빛은 조용히 스며들어
금이 간 마음의 틈마다
연둣빛 잎새를 틔운다

나는 듣는다
내 안에서 돋아나는
무수한 옹이들이 혈액을 뚫고 실핏줄을 데운다

모든 상처의 결마다 초록이 번지고
새로운 숨을 몰아 쉰다

처마의 종소리

한옥의 처마 위로 종이 매달려
바람에 흔들리며 내는 은은한 소리
과객의 고즈넉한 마당에
울려 퍼지는 고소한 두부 굽는 냄새

추녀 아래 종이 울려 퍼지면
몇 백년 살아온
소년의 이야기에 귀 기울이며
몸도 마음도 모두 벗어 버린다

걸음보다 많은 어둠
시간이 멈추고
바람이 지나가는 소리에
상여 소리만 울린다

과객의 한옥 카페에서
은혜의 빛을 받으며
자연과 함께하는 이곳에
두 손을 모으고 평화롭게 쉼을 얻는다

마침내 봄

2025년 4월 4일 오전 11시 22분
"피청구인 대통령 윤석열을 파면한다."

둔탁한 겨울의 둔기로 쾅 쾅 쾅
깨어진 얼음 틈새로
빛이 스며든다

무너진 탑의 잔해 속
묻혀 있던 씨앗들이
조용히 숨을 고른다

한남동의 회색 하늘
그 아래 흩어진 잎사귀들
마침내 봄을 부른다

이제야 비로소 바람의 결을 느끼고
햇살의 무게를 잰다
잃어버린 시간의 조각과 불멸의 밤

그 속에서 피어난 새싹은
우리의 새로운 약속이다

봄은 단순한 계절이 아닌 타는 기다림 끝에
희망이라는 리본을 개나리꽃에 달고
만장일치로 왔다

햇살의 파편, 잠든 꿈을 깨우다

창문 틈 사이로
조용히 흩어지는 빛의 조각들
어둠에 눌린 벽지 위
흔적도 없이 스며든다

어제의 그림자
잠든 꿈의 잔해 위에
조용히 속삭이는 사탄의 유혹
일어 나 아직 끝나지 않은 노래가 있어 나는 원죄를 짓고 있다

깨어진 기억의 조각마다
빛이 닿을 때 숨죽인 희망이 미세하게 떨린다

시간은 멈춘 듯 다시 일어서고
나는 눈을 감은 채
신의 언어와 교감한다

숫자를 나란히 배열하다

〉
튕겨져 나온 숫자를 꽉 부여잡는다

아득한 미래와 잊혀진 과거 사이
햇살이 광속도를 내며
내 안의 잠든 꿈을 깨운다

다시 처음처럼
빛으로 깨어나는 아침

초록의 기도, 빛의 언덕에서

햇살의 결이 조용히 스며드는 아침
나는 잎사귀의 맥박을 따라
가만히 두 손을 모은다

바람은 투명한 언어로 속삭이고
빛은 잔잔한 파문으로 번져
나의 그림자를 길게
그리고 짧게
끝없이 변주한다

여기 시간은 풀잎에 맺힌 이슬처럼
잠시 머물다 사라지고
기도는 흙 내음에 녹아
붉은 장미의 심장으로 스며든다

나는 묻는다
낯선 좁은 공간 안에서
무엇이 나를 살아있게 하는지

무수한 언어의 나열 퍼즐 빛인가 바람인가
혹은 이름 없는 작은 풀꽃의 숨결인가

분절된 감각을 모아
나는 다시
신록의 계절에
높은 산을 끌어 올린다

붉은 장미가 만개한 언덕에서
아무도 모르는 내일을 위하여
두 손을 모으고 사도신경을 외우고 있다

인연

아침 햇살이 비춰오면 나는 내 그림자를 밟으며 걸음을 옮긴다
교만은 내 어깨에 은은한 무게로 내려앉고 불순종은 내 발끝에 조용히 매달린다
빛이 머무는 곳마다 나의 그림자는 길어진다 나는 나를 앞질러 어디론가 달려가지만 그림자는 늘 내 뒤에 남아 내가 외면한 진실을 조용히 속삭인다
고층 아파트 사이를 뚫고 유리와 철골 사이를 걸어가는 나는 내 그림자와 서로를 모른 척 지나친다 훨훨 춤추며 날아가는 철새 떼들이 무리 지어 나를 떠나듯 나도 너를 떠나고 싶다 많은 얼굴 부딪히며 무엇을 향해 미소 짓고 있는가 세상에게 손 흔들며 텅 빈 유리창을 바라본다
그러나 저녁이 오면 빛이 사그라들 때 교만과 불순종이 긴 그림자로 내 삶을 덮는다 나는 안다 그림자는 나의 일부 그림자 없는 나를 상상할 수 없다는 것을

그래서 오늘도 조용히 그림자와 걷는다
빛과 어둠 사이 뗄 수 없는 너를 바라보고 있다

산 사나이의 눈물

겨울 끝자락 산자락에 서린
고요한 숨결 속에 깨어나는 생명
앙상한 가지 끝에 맺히는
투명한 결정 신비로운 눈물

한 방울 두 방울
지친 대지를 적시는 봄의 전령
달콤한 속삭임으로
겨울잠에서 깨어나는 숲의 이야기

생명의 진액 자연의 선물
산 사나이의 열정에 담긴 대지의 지혜
봄소식을 기다리며 갈증을 달래주는
사랑의 눈물방울

그 맑은 눈물에 담긴
자연의 순환 생명의 경이로움
달콤한 향기여 그대의 눈물로
우리의 영혼도 깨어나리

다육이

돌담 위에 얹힌 시간
대관령 바람이 다녀간 자리에
바위솔은 조용히 그러나 집요하게 뿌리를 내렸다

손끝에 남은 당신의 침묵
라일락꽃 바람 속에

흩어진 가족의 기억처럼
코끝이 아려온 잎들은 두터운 침묵을 품고
성산면 어흘리의 햇살을 받아
은은한 녹색 분진을 흩뿌린다

나는 이 집의 담장에 기대어
물 한 모금 머금은 살결을 바라본다
도시의 기계적인 시멘트와는 다른
마사토의 거친 숨결 위에
한 세대의 상흔과 치유가
둥글게 둥글게 번져간다

〉
집념이란 이름의 시간
육십 년을 돌아온 손길이
한 점의 꽃 한 줄기 잎에
모든 상실과 기다림을 새긴다
나의 손바닥에서
당신은 상처가 아니다
그것은 한 시대의 슬픔과 희망을 통통하게 품고 있다

나는 이 풍경을
구겨진 넥타이처럼 풀어진 작은 정원에
수 놓아진 한 땀 한 땀을 구름 위에 얹어본다

색색의 언어로 이미지와 침묵의 틈에서
대상과 나 사이 메울 수 없는 거리를
당신의 잎맥 위에 새긴다

빛과 그림자의 경계에서

푸른 기와 아래
주인 없는 객들의
발자국은 또렷하고 힘차다

돌계단 위
희미하게 남아 있는 군화발 냄새
어느 날의 결심과 어느 밤의 침묵
누구를 위하여 종을 울렸던가

나무는 오래된 그림자를 드리우고
그 안에 잠시 서서 1987년을 소환한다
나는 한 줌의 떨림으로
당신의 손을 맞이 했다

정갈한 미소
비단결 위로 흐르던
국가의 무게와
한 사람의 체온이
교차하던 순간

〉
말 없는 악수
그 짧은 접촉 속에
역사의 먼지와
민주화의 갈망이
용수철처럼 튀어 올랐다

나는 그날의 공기를
아직도 기억한다
청와대의 푸른 그림자와
내 안에서 거부 할 수 없었던 울부짖음이

손끝에서 남은
부드럽고 서늘했던 온기
역사의 뒤안길에서 늘 겹쳐 흐르고
오늘은 붉은 작약꽃이 빈손을 반긴다

그날의 악수는
뜨거운 태양 속에 펄펄 끓는
미완성의 시로 울고 있다

빗속에서 만났던 인사동 카페

비의 결
유리창에 맺힌 시간의 알갱이는
골목마다 스며든다

젖은 한옥 처마 끝에서
우산을 접는 너의 손끝이
잠시 세상의 소음을 지운다

나무 기둥에 스며든
옛사람들의 속삭임
오늘의 여정이 천천히 번진다

창밖 골목 젖은 기와
우산 아래 흐릿한 얼굴들
나는 한 모금의 온도를 손에 쥐고
마르지 않는 눈물을 삼키며
식지 않는 내 삶을 목구멍에 넣는다

카페 안 오래된 나무 탁자 위에
따뜻한 찻잔이 놓이고

창밖의 빗물은
유리 너머로 흐르는
잊힌 풍경처럼
조용히 흘러내린다

우리는 말없이
서로의 눈빛을 건넨다

낯선 도시의 습도 그리고
젖은 거리의 정적이
한순간 내면의 거울을 흔든다

모던 재즈가 낮게 흐르고
벽에 걸린 흑백 액자 속의 그림은
기억을 소환하여 선명해진다
지나간 계절의 청춘과 붉은 겨울

인사동 거리 찻집의 숨결에 기대어
내 삶을 마신다
순간의 영원을 조용히 마신다

대관령 옛길 노무현대통령쉼터

꽃샘 바람이 지나간다
금강송의 척추를 따라 오래된 길 위에
기억은 투명한 그림자처럼 앉는다

2007년 4월의 한 점
누군가의 뒷모습이 벤치에 남아
꽃바람 그리고 솔바람이 불어온다
말 없는 담소로 숲에 스며들었다

이곳은 쉼터
알 수 없는 바람과
이름 남긴 사람의
숨결이 교차하는 지점
나무는 그날의 대화를 기억한다

붉은 금강송 불타오르는 침묵으로
길 위의 돌부리
미끄러지는 암반
앞이 보이지 않는 굽이진 등
옛 선비와 보부상

그리고 한 대통령의 발자국
모두가 잠시 멈추는 곳이다

전망대 위
강릉의 바다와 시내가
푸른 수해 너머로 아득하다
바람은 동해에서 와
숲의 향기를 흔들고
섬은 다시 길이 된다

삶의 허망함과 가벼움
그 곳에 앉아
나는 오늘도
누구의 이름으로도 남지 않을
내 작은 숨을 남긴다

쉼터에 앉아
"운명이다."는 글귀가 새겨진 작은 비석을
까마귀 울 때까지 쓰다듬고 있다

믿음의 기도

내 마음 깊은 곳에서 시작되는 울림
믿음의 기도 하나님께로 향하는 말씀
어두운 밤 때로는 고난 중에도
손을 모으고 기도하는 마음

성경속에 담긴 말씀과 약속을 믿고
그 약속이 이루어질 때까지 두 손 모읍니다
믿음은 바라는 것들의 실상
보지 못하는 것들의 증거임을 믿습니다

하나님의 은혜를 믿고, 그분의 사랑을 믿고
기도는 하나님과의 교제입니다
회개와 용서 중보자 예수님을 의지하며
그분의 이름으로 기도합니다

믿음으로 기도할 때 산이 바다로 옮겨지며
홍해가 갈라지는 기적을 보며
하나님의 약속을 믿는 힘은
그분을 믿는 믿음에 달려 있습니다

〉
믿음의 기도는 하나님의 언약에 기반하며
그 언약을 신뢰하여 믿고 기도하면
믿음의 기도는 하나님을 기쁘게 하며
그 기도를 통해 우리의 소원이 이루어 주십니다

당신은 새벽의 숨결

차창에 맺힌 서리 너머로
펼쳐지는 하얀 세상
고요히 내리는 눈송이들
새벽의 정적을 깨우네

희미한 가로등 불빛 아래
춤추는 눈꽃의 그림자
어둠과 빛의 경계에서
시간이 멈춰 선 아름다운 당신

달빛에 반짝이는 눈길 위로
달려가는 당신의 숨결
꿈과 현실 사이 어딘가에서
새로운 하루가 시작되네

차가운 유리에 손등을 대면
겨울의 나지막한 속삭임
"조금만 더 기다려줘요"
봄을 향한 약속의 기도

제2부
악어백 그 밤의 미로

돌하루방

돌개 바람이 부는 섬
시간 위에 묵묵히 서 있는
당신의 해맑은 얼굴을 만난다

이끼 낀 눈동자에 파도가 스며들고
손끝에 남은 옛사람들의
소박한 기도가
돌 결을 따라 흐른다

침묵과 정겨운 웃음 사이에서
당신이 품은 세월은
겹겹이 쌓여지는 눈물의 흔적

화산재 속에 묻힌
수천 겹의 바람
그 위에 돋아난
투박한 꽃 한 송이

오늘도 조용히
모든 시간의 문지기로
제주섬의 중심을 지킨다

섯알 오름의 바람 제주

새벽 별 바람은 총성의 잔해를 쓸고
잃어버린 마을의 돌담 위로
잿빛 구름이 셀로판지처럼 얇게 덮인다

검은 연기
불타버린 집 한 채의 그림자
등 굽은 감귤나무 가지마다
이름 없는 눈물이 맺힌다

이념도 사상의 출처도 모르는
어린 손을 잡고
황량한 들판을 건넜다

아무도 돌아오지 않는 길 위에서
파도 소리만 한라산을 넘어 울부짖는다
총칼의 그림자 회오리 치는 돌개바람

그날의 어머니는

흙 속에 묻힌 이름을 밤마다 더듬는다
아무도 묻지 않는 시꺼먼 피멍
밤마다 불면의 섬 제주

잃어버린 마을의 돌담에 귀를 대고
살아남은 자의 서늘한 한숨을 듣는다

세한의 집에 앉아

고요한 방 안
창 너머 겨울빛이 스며든다
모든 것이 물러난 자리
내 마음도 가지 끝에 매달린다

세상은 어렴풋한 경계
짙은 안개 깔려있고
나는 적막의 숨결 속에
작은 소리를 듣는다

바람이 솔잎을 스치며 눈물 흘리고
돌개 바람에 푸른 소나무가 흔들린다

꽁꽁 얼었던 장독대가 깨지면
비로소 알게 되는 것들이 있다

이 겨울
남은 것은 오직 한 발씩 걸어갔던

발자취뿐인걸
사라지는 것들 속에서
굳게 남는 이 작은 집

세한의 집에 가만히 앉아
나는 오늘도
세한도를 그리고 있다

알뜨르비행장 아래

들판 위 바람이 지나간다
밭이었고 목초지였고
사람들의 삶이 흘렀다

그러나 콘크리트가 박혔다
격납고 벙커 터널 철조망

모슬포의 손과 삽이 피와 땀이
일제의 명령 아래
난징을 향해 날아오른 검은 날개들
세계 항공전 사상 미증유의 대공습 폭격기
돌아오지 못한 이름들

학살터 기억은 구덩이처럼 남아 있다

벙커 속에 비가 스며든다
균열 백화 지하의 어둠 속에
잔디와 잡목이 덮고

돔형 콘크리트는
아직도 동산처럼 남아있다

지나온 발자국은 콘크리트 구조물처럼
지워지지 않는다
오늘의 바람은 그 위를 스친다

기억과 망각속에서 삶의 터전
하지만 아직도 잃어버린 땅
시간은 겹겹이 쌓인다

푸른 벌판에 서 있던 돌바람만이
노란 유채꽃을 서귀포시에 흩뿌리고 있다

제주, 유채꽃

봄의 시작
제주 섬은 노란 숨결로 깨어난다

바람의 언어 그 이름만으로도
햇살은 더 부드럽게 쏟아지고
돌담 너머 바람은 꽃잎을 흔든다

한 송이 또 한 송이
가녀린 줄기 위에 모여
작은 꽃다발임을 증명한다
쓰러질 내일을 두려워하지 않는
이 강인한 생명력
오늘에 모든 빛을 쏟아붓는다

산방산의 그림자 아래
황금빛 태피스트리로 펼쳐진다
파도 소리와 어우러진

〉
왁자지껄한 웃음소리
그 위를 걷는 발끝마다
희망이 피어난다

허기진 배를 달래기 위해
기억 너머 그리움을 채웠던
잠자던 세상이
샛노랗게 깨어났다

너는 봄신으로
초유를 먹는 갓난 아이의
해맑은 웃음으로
에멘탈 치즈로 태어났다

모든 시작과 끝
그 사이에서
다시 봄의 언어로 꽃피운다

제주 화산

한라산은 지금도
자신이 어디서 왔는지 모른다

120만 년 전 바다 밑에서
마그마가 올라오던 그날을
기억하는 이는 없다

숫자들은 흩어진 조각
누가 먼저였는지
누가 마지막이었는지
기원도 없이 소멸된다

화산재에 묻힌 발자국
사슴과 새 그리고 사람
이름 모를 선사인들의 삶의 흔적은
응회암의 결을 따라 재처럼 흩어진다

기억은 퇴적되고

침식되어 다시 쌓인다
사화산인가 활화산인가
죽은 것과 살아 있는 것
경계는 흐릿하다

여기 지금 나는 누구인가
그러나 대답하지 않고
그저 또 다른 분출을 꿈꾼다

제주, 천지연폭포

바람이 바위를 깎아낸다
남대천의 물줄기를 끌어 용암의 심연 위로
하늘과 땅이 맞닿은 곳 시간 여행을 떠난다

물은 절벽을 타고 하얀 숨결로 쏟아낸다
에메랄드 연못 깊이를 알 수 없는 푸름이
낮에는 햇살을 삼키고
밤이면 조명의 비늘을 두른다

수목은 물안개를 감싸며
고요히 폭포의 기도소리를 듣는다
나는 이곳에서 서귀포의 언어를 배운다

화산의 기억 무태장어의 전설
이방인의 발길
모두가 잠시 멈추어 서는 한 점의 순간
당신은 하늘과 땅의 눈물인가
아니면 영원히 흐르는 섬의 심장인가

〉
나는 화석의 언어로
흩어지는 물방울 속에서
시간의 눈금을 주워 담아
화석에 새겨 넣는다

당신은 일점일획도 움직임 없이
신화와 현실이 겹쳐 지는 서귀포에서
하염없이 참지 못하는 눈물을 쏟아 내고 있다

앵프라맹스(inframince)

빛이 스며들다 만 창틀 위에
너의 이름이 흐릿하게 걸린다

그리움은
언제나 닿지 못한 채
유리창 너머
서늘한 틈새에 머문다

나는
언어의 그림자로
너를 더듬는다

손끝에 닿지 않는 투명한 벽
그곳에 외로움이
가만히 내려앉는다

빛과 어둠이 교차하는
이 짧은 순간

애타는 절망이
또다시 욕망을 불러 모으고

너와 나 사이
침묵만이
서로를 바라본다

악어백, 그 밤의 미로

유리창 너머로
도시는 검은 비늘을 세운다
빛과 어둠이 교차하는 골목
나는 손에 쥔 악어백을 문지른다

가죽 위로 흐르는 아마존강
밀림 속 악어가 숨을 고른다
무늬마다 각인된 어제의 기억 오늘의 욕망

명품이란 이름 아래 침묵하는 사치
그 속에 감춰진 수십 번의 눈물과 환희
이 가방을 들고 부르지 않는 길을 걷는다

빛이 스며드는 모서리마다
고요히 반짝이는 유혹
악어의 숨결이 손끝에서 살아난다

그리고 지금 나의 어깨 위에는
총을 겨누며 정조준하고 있는
밀림의 사냥꾼들이 포진하고 있다

미역의 노래

햇살 한 줌 스며드는 수면 아래
그곳은 그의 요람

바람이 닿지 못하는 곳에서
밀려오는 파도의 리듬에 몸을 맡기고
물결 따라 흔들리는 그의 몸짓은
어머니 포근한 숨결을 닮았다

몸은 길어지고 색은 짙어진다
초록빛 생명으로 바다를 물들이며
푸른 지느러미를 품는다

파도는 다시 바다로 돌아가고
그의 몸은 부서져 삼키지만
생명이 순환하여 입맛 속에 영원히 남는다

어머니 왕주목에 바치는 시

구름보다 먼저 깨어나는 어머니의 나무
긴 세월을 품은 주목은
바람의 결을 따라 천천히
산의 심장에 뿌리를 내린다

텅 빈 몸통 안에
자식을 품은 마가목을 안고
모진 겨울의 칼바람도
고요히 감싸 안는다

왕이 태어나는 어머니의 산
시간의 경계마저 지운다
그림자 아래 잠시 멈춰
숨결을 고른다

주목들은 왕궁을 호위하며
기억과 현재 과거와 미래가
겹겹이 쌓인 나이테처럼 겹쳐서
서로를 지키고 서로를 잇는다

〉
침묵은
모든 것을 내어주는 자연의 언어
오늘 그 품 안에서 작은 상처를 씻는다
생명의 고귀함 포기하지 않는 뿌리
끝없이 내어주는 사랑이다

하늘보다 높고 바다보다 넓은 사랑
어머니 가슴에 젖물이 돈다

영진항 바닷가

물결이 부드럽게 닿는 영진항 바닷가
미역이 올라오는 산모의 진통이
따뜻한 햇살 아래 누워서
파도를 삼키는 너를 바라본다

오월의 바다
아이의 싱싱한 웃음소리
웃옷을 벗고 맨발로 뛰어 노니
따뜻한 봄이 손짓한다.

바람에 날려가는 추억을 씻어보며
찻잔을 기대는 손길이 부드럽다
삼류 음악의 달콤한 유혹이
파도 속으로 스며 들었다

끝없이 움직이는 등 푸른 지느러미
내 삶의 이야기를 담고 있어
기억 속에 남아 있는 포말은
쪽빛 물결에 놓아 준다

정동 심곡항 부채길

바다는 코발트
모래시계로 측정이 불가하여
길 위에 서서 나를 의심한다

전설과 현실은
파도에 씻겨서
경계가 사라진다

파도에 휩쓸려 넘나드는
빛의 파편
나는 보석을 한 보따리 주워 담는다

절경은 내 안에 있지 않고
파도와 몽돌 사이
잠시 머물 뿐

정동진 겨울바다

푸른 바다의 기세에 눌러앉아
활화산이 거대한 모습으로 태동하면
지나간 추억들은 영점으로 돌아온다

모래시계는 약속이나 한 것 처럼
시간의 바퀴 속을 돌고 돌아
모래알은 땀방울이 되어 쌓여간다

찬바람은 소나무 숲을 헤치고
하얗게 부서지는 파도는 해변을 어루만지며
정월 초하루부터 살풀이를 하고 있다

정동진 노을에 피는 시린 동백꽃
동쪽에서 정직하게 떠오르는 해처럼
우리의 겨울도 가장 아름답게 맑아진다

태백, 그곳에 가면

은하수 별빛 쏟아지던 능선을 오른다
순박한 품성을 가진 사람들
사슴의 눈을 닮아가고 있다
바람의 언덕에 앉아 있던 눈이 내려온다
한낮에 두고 온 눈 발자국
내 침상에서 잠들고
어깨 위로 쌓이던 눈꽃들
겨울밤을 불러드리고 있다
어머니는 황지연못에 뜬 초승달을 향해
붉은 등 하나 들고 서 있다
젖살이 오른 함박꽃
마음 하나 돌탑에 올려놓았다

오물풍선

한낮의 공기 속에 떠다니는
공허한 물체 하나
그 속에는 세상의 잡동사니들이 담겨 있다

깨진 유리 조각
온갖 허세와 타협의 웃음소리
그리고 기억되지 않는 수 많은 약속들
바람은 그것을 밀어내며 춤춘다

하지만 꽉 조여진 나사는 터지지 않는다
그 안의 고요함은
어쩌면 내 마음 속 깊은 곳에 숨어 있는
기억의 한 조각일까?

차가운 콘크리트와 철의 숲 사이
떠다니는 미세먼지 속에서도
사와로 선인장은 꽃 피울 수 있을까
터질 듯 팽팽한 그 순간

우리는 멈춰 서서 바라본다

그 안에 담긴 모든 것들이
우리의 삶과 닮아 있음을 깨닫는다
그리고 바람은 다시 불어온다

멍때리기

바다와 맛 닿은 구름의 속살을 바라보며
나는 무념무상으로 내 어깨 위에 앉아 있는
햇살을 주워 먹는다

파도는 유리 같은 시간을 부수고
모래알 사이로 스며드는 온갖 추임새를 밟으며
바람의 붓길 따라 바닷속을 걸어간다

텅 빈 마음에
파도 소리가 스며든다
온몸을 적시며 세상의 움직임을
내 안에 들여놓는다

모든 것이 멈춰서 흐르는 이 정적의 순간
나는 나를 만나 생각도 감정도 잠시 쉬어가는
아무것도 하지 않는 연습
그 안에서 나는 이름 없는 놀라움에 가만히 젖는다

하늘과 맛 닿은 구름 위를 둥둥 떠다니다
시간에 울고 있는 파도를 건너며
나는 다시 태어난다

제3부
자작나무 숲속

붉은 장미의 노래

 여기 삼척의 장미공원 도시는 잠들고 장미만이 깨어 서로의 향기를 나누며 오래된 오후의 기억을 가만히 내 어깨 위에 내려놓는다

 단순한 선 절제된 색채 심장에 박히는 강렬한 전쟁의 꽃 바람은 장미 사이를 미끄러지며 붉은 심장이 내 마음에 닿는다 말없이 피어나 시간의 틈을 메우고 공원 한가운데 서서 붉은 립스틱을 바르며 난생 처음 짧은 정사를 나눴던 축복에 몸 둘 바를 모르고 다시 얼굴을 고쳐서 거울을 본다

 유리벽에 갇힌 낯선 이국땅의 여인처럼 내 마음도 조용히 흔들리고 잊혀져 가는 이름들은 사진 속의 액자가 되어 다시 화려하게 꽃피운다 도둑맞은 시간 그러나 진흙 속에서 피어나는 여인은 진주로도 바꿀 수 없는 아름답거나 고귀하지도 않을 것이다

 흔들려 갔던 지난 과거와 미래 한가운데 서서 붉은 오월이 내 안을 지나 나는 오늘도 장미와 운명의 전쟁을 하며 붉은 얼굴을 내 안에 구겨 넣는다

5월에 핀 감자꽃

흙 위에 내린 5월의 새벽
어머니의 젖은 땀이 피어난다

이른 햇살이
흰 꽃잎을 깨우면
세상은 잠시
눈 내린 들판처럼 고요하다

흙냄새에 섞여
큰 냄비에 검게 탔던 그릇을 씻으며 먹었던
꿀맛 같던 가난했던 삶이
땅속에 묻혀 있는 밭고랑을 꿈틀거리며
작은 꿈들이 하얗게 피어난다

나는 어린 시절로 돌아가 본다
어머니의 손끝이 닿았던 밭머리
땀을 흠뻑 마시고 하얗게 미소 짓는 웃음
손바닥에 남은 흙냄새

입안에서 천천히 퍼지는 은은한 단맛

흙과 바람과 햇살이
잠시 멈춘 5월의 기억처럼
눈꽃이 되어 내 안에서 맛을 배운다

흙 속에서 자라나는
보이지 않는 믿음의 힘
그것을 믿으며
무릎을 꿇고 두 손을 모은다

청량한 바람 속
하얀 눈꽃 잎 하나
손끝에 내려앉는다

까맣게 타버린 봄

불길이 지나간 자리
봄은 검은 재로 눕는다
꽃잎 대신 그을린 나뭇가지
바람마저 재를 삼키며 운다

집은 연기 속에 녹고
추억은 잿더미 위에 앉는다
창문 너머로 들리던 새소리
이제는 침묵으로만 남았다

하지만 검은 흙 아래 숨어 있는
한 줌의 푸른 싹
불꽃이 삼키지 못한
작은 희망이 있다

밤이 깊어질수록
별빛은 더 또렷해지고
당신의 마음에도

새벽은 반드시 찾아온다
까맣게 타버린 봄
그 속에서도 샘물로 온다

단비 같은 봄비는
남은 온기 속에서
봄꽃이 다시 피어난다

더덕라떼

어둠 속에 잠긴
흙의 심연에서
고요히 숨 쉬던 기억들
가느다란 뿌리 끝마다
밤의 이슬이 맺힌다

작은 미생물의 숨결이
조용히 스며들 때
잔뿌리는 천천히
자신의 이름을 잊는다
흙과 시간과 미지의 온기로
온몸을 풀어내며 새로운 생명을 탄생하며
세포 속에 스며 들어 속살을 간지럽힌다

잊혀진 것들이여 새로운 숨이 되어라
잔뿌리는 부드럽게 녹아
발걸음을 딛지 않은 미지의 세계로 흘러간다

〉
서늘한 발효의 새벽
내면의 경계가 허물어지고
옛 향은 유산균의 품에서 다시 태어난다

생명의 순환
그 모든 것이 새로운 언어로 탈바꿈한다

더덕을 캐던 날

산비탈 이른 봄의 바람 생명의 한 줄기
흙 속에서 하얗게 숨을 쉬고 있다

손끝에 닿는
차가운 흙과 뿌리의 맥박
나는 잠시 멈추어
내 안의 오래된 기억을 더듬는다

고요한 산
바람 소리와 함께
내 심장도 천천히 파고든다

삶의 무게처럼
단단히 감긴 뿌리를
조심스레 풀어내며
나의 심장을 캔다

흙 내음

손바닥에 남은 작은 생명
내게 말을 건넨다

이 순간
나는 산이 되어
산 마니가 되고
햇살과 바람 흙과 함께
한 몸이 되었다

기쁨은
생명수로 번져
내 안의 하얀 진액으로 남는다

붉은 작약

새벽안개를 뚫고
심연에서 떠오르는 불빛처럼
어머니는 뭉클한 심장을 쓰다듬으셨다

손끝에 남은 흙냄새와
꽃잎에 매달린 한 잎 한 잎은
세월의 주름이었다
나는 어린 마음으로
붉음의 의미를 몰랐다

잎새의 결
빛나는 초록의 결절 위에
매년 잊지 않고 피었고
어머니는 잊은 듯 바라보셨다
꽃잎이 바람에 흩어질 때마다
주름진 손등에 한 송이씩
시간이 내려앉았다

〉
나는 이제
내 마음 한구석에 붉음에 의미를 알았다
붉은 꽃잎 겹겹이 쌓인 침묵
그 속에 숨겨진 뜨거운 심장
시간의 흐름이 멈추어 선 자리
그 곁을 맴돌고 또 돌아본다

어머니는 여전히 피고
시간은 조용히 내 안에서 다시 흐른다

산등성이에 핀 꽃

산봉우리 위에 하늘을 우러러
대관령산맥이 흰 머리를 푸른 머리카락으로
선명하게 염색을 하고 갔다

바람이 지나간 자리마다
빛은 색을 달리하고
초록은 채도와 명도를 내뿜으며
신명나게 산 춤을 춘다

신록의 선들이
서로를 밀어내
다시 끌어안으며 내 뱉는
들숨과 날숨의 언어

저 멀리
구름이 제왕산을 스치고
빛이 산맥을 어루만진다

〉
색은 겹겹이 쌓이고
시간은 고요히 흐른다
나는 그 경계에 서서
서로 다른 색이 서로를 이해하는 순간을 본다

산의 숨결 빛의 발자취
그리고 나의 이야기가 씨앗이 된다

모두가 한 폭의 거대한 추상화가 되어
엄마의 가슴에 꽃말을 붙인다

쑥버무리

가루 옷은 푸른 향을 입고 수증기 속으로 들어간다
그 속엔 우리 가족의 봄날 햇살이 녹아있다

쿵더쿵 디딜방아 소리가
마당을 울릴 때면
쌀가루와 쑥이 함께 버무려진다

강남 갔던 제비가 돌아오는 삼짇날
삶의 고단함을 씻어내는 의식이였다
뱀에게 물리지 않으리라는 믿음처럼
흙 속에서 자연을 지켜 주는 방패였다

떡시루에 면포를 깔아주고
살살 흔들어 털어가며 춤추는 이 맛은
먹을수록 고소함이 올라온다

온기를 따뜻하게 데워주던 어머니는
봄내음 짙은 쑥밭으로
사푼사푼 걸어갔다

자작나무 숲속

하늘에 기도를 드리는 길
흰색의 어둠 속에서 빛을 발하는
자작나무 수피는
새하얀 눈 속에서 더 하얗게 빛난다

은백색 껍질을 고이 벗겨
꿰매어 놓은 수많은 문장들
소포에 정성껏 담아
차디찬 그대에게 보낸다

하늘에는
별들이 왁자지껄 소란하고
생명이 생명을 안고 체온을 나누며
함께 숨을 쉬는 이곳

자작나무 숲속에서
산너울 따라
신명 나게
꽃 춤을 추고 싶다

언약의 무지개

물비늘 아래
세상은 다시 숨을 고른다
태초에 하나님이 주신 약속이
빛의 공기 속에서 밤을 깨우고 있다

노아의 방주에서 살아났던 비둘기 한 쌍은
물방울 위를 넘어 공중을 향해 기웃 거리고
그 위에는
색동다리가 조용히 걸어나온다

우리는 잊지 못한다
하늘을 가로지르는 일곱 겹의 선율
빛의 구조가 순간
도시의 지붕 위에 투명하게 쌓이는 것을
그 사이 수많은 언약의 약속
색색의 선율은
은혜와 감사의 선물

〉
비가 그치고
햇살이 물위에 춤을 출 때
당신이 베풀어 주신 환한 미소는
우리 곁에 영원히 머물고
다시는 물이 모든 육체를 멸하는 노아의 홍수가
일어나지 않겠다는 십자가의 말씀을 새기며
한걸음 물러서 색의 기둥을 올려다 본다

광명의 햇빛으로 깨어난 아침
사라질 것을 알면서도
누웠다가 벌떡 일어나 빛 속으로 들어간다

당신이 모든 것을 내어 놓은 은혜의 선물로
빛과 물위를 걸어 가는 해무리 위에서
창세기 9장 16절을 암송하고 있다

오월, 아카시아의 시간

오월
햇살은 흰 비단을 펼치고
바람은 잎새 사이로
꽃망울을 터뜨린다

잃어버린 골목 끝 담장 너머
낡은 담벼락 틈새로
올라오는 루이스 향수

손 끝에 닿지 않는
흰 파도의 물결은
바다 냄새를 풍기며 출렁인다

나는 어린 날의 그림자를 밟고
흩날리는 꽃잎을 따라 걷는다
달콤한 유혹으로 걸었던 셀 수 없는 맹세의 잎사귀
가느다란 가지 위에
잠시 머물던 옛 여인의 환한 웃음이 걸려있다

〉
모서리가 닳아버린
유리창에 비친 내 얼굴은
지나간 세월의 기억을 더듬어 주고있다

세상의 모든 침묵을 흔들어 깨우며
너의 향을 삼킨다

이 봄
나는 다시
너를 맡는다

이팝나무 아래에서

흰 꽃잎이 쏟아지는 오후
서당골 마을 나무 그늘에
어머니는 조용히 앉아 계셨다

바람이 지나가면
팔십킬로나 나가는 큰 쌀자루가
땅 위에 흩어졌다

나는 그 곁에 앉아
손끝에 닿는 환한 얼굴을 바라본다
어머니의 손등 위에도
가만히 내려앉는다

말없이 건네는 온기
그 속삭임은
햇살보다 부드럽고
바람보다 깊다

〉
아무 말 없이
세상을 환하게 채운다

나는 알지 못했다
그 조용한 무게와
흩날리는 꽃잎 속에
담긴 따스함을

오늘
어머니의 무명저고리가
빨래줄에서 힘차게 그네를 타고 있다

대관령에 핀 눈꽃

하얀 눈꽃 피어난 산맥
구름 속 솟은 거대한 무릉도원
바람에 휘날리는 눈송이들
겨울왕국의 신비로운 풍경

소나무 가지마다 쌓인 눈 꽃송이
은빛 세상 속 고요한 적막
발자국 하나 찍히지 않은
순백의 융단 위를 걸어본다

눈보라 휘몰아치는 산길
얼음꽃 핀 나뭇가지 사이로
겨울 등산객들의 발걸음
설국의 아름다움에 취해간다

대관령 정상에 올라서니
눈 덮인 산과 산의 밀어
끝없이 펼쳐진 장관 속에
순백의 숨결은 신이 주는 선물

매화여, 깊은 밤 붉게 피었네

깊은 밤 달빛이 비추는 틈에
매화 한 송이 붉게 피어났네
차가운 바람 속에서
그 아름다움은 더욱 빛나네

두 손 모은 밤 눈 속에 피어
그 향기는 눈물 속에 물들이고
당신의 아름다움은
은혜의 물결로 빛난다

당신을 멀리 보내고
빈 방에 홀로 눈을 감으니
비단옷 감기는 싸늘한 바람결에
맑은 향기 맴돌고

아리따운 사람은 다시 오듯
보내고 그리는 정
매화의 향기는 깊은 밤에
그대의 마음에 붉게 피워주리라

고생대 하늘

산길을 걸으며 아홉 형제를 찾는 날
어린 순이 돋아나며 봄을 알린다
산 중턱에 올라서면
명당에 하얀 찔레꽃이 반기고

임금에게 진상되던 궐채蕨菜
그 귀함을 다시금 느끼며
천 번을 절해야 하는
고행의 즐거움이다

비가 내리고
새순이 다시 자라나
가시덤불 속에 숨어들면
찾으려고 낮아지는 연습을 한다

생존을 위해 진화했던 고단함
양지를 모두에게 내어 주고
고난의 길로 들어가
생의 한 단계를 뛰어넘어 부활하였다

〉
하늘이 명도를 높이면
똬리를 틀고 있던 고개를 들어
마음속 들녘에 가득 피어나
팔을 벌려 고생대 하늘을 품는다

튤립, 붉은 파동

어둠 속 차가운 숨결 아래
붉은 심장이 조용히 꿈틀거린다

아직은 아무도 모르는
뾰족한 침묵으로
천천히 아주 천천히
세상의 표면을 밀어 올린다

새벽의 물결이 잎을 쓰다듬고
햇살이 한 겹씩
꽃잎을 푸르게 적신다

피어오른다
그것은 봄의 혁명
붉은 깃발을 흔들며
승리를 선언한다

빛의 손길이 멀어질 때
자기 자신에게로 접힌다

〉
지나간 바람의 기억을
한 장 한 장 떨구며 멀어진다

그러나
붉은 파동으로 남아
집속에 가만히 앉아 다시 꿈을 꾼다

매심사梅心舍

매화의 마음이 담긴 집
매심사에 오르니
봄의 전령이 피어난다

눈 속에서도 피어나는
기품과 품격의 꽃
추운 겨울을 이겨내고
수줍은 듯 당당한
맑은 향기 가득한
집안에서 마음이 편안해진다

매화의 꽃망울이
오므라져 있는 모습은
의연함과 절조를 상징한다

매화의 향기를 맡으며
봄의 시작을 맞이하는
매화의 마음이 담긴 집
매심사에서
마음이 평온해진다

제4부
중년의 취미

태백산맥

산맥의 끝자락에서 시작된 강
내 사랑 생명줄 그 시작은 태백산맥
울창한 숲은 녹색의 보석처럼 빛난다

장군봉과 문수봉이 어우러진 심장부
산맥을 따라 걷다 보면
이야기 속으로 들어간다

몸도 마음도 텅 비는 날
살에 박혀 아픈 얼음조각은
봄 까치에 녹이고

가보지 못한 한쪽 능선은
어머니 품속에서
파랑새가 되어 날고 있다

윷놀이

정월 초하루부터 대보름까지
네 개의 윷가락이 하늘을 가르며 춤추는 밤
둥글고 모난 윷판 위에 펼쳐지는 별자리의 이야기
도·개·걸·윷·모, 다섯 마디의 운율이 흐른다

북두칠성이 그린 궤적을 닮은 말판
음양오행의 조화 속에 담긴 우주의 이치
말은 달리고, 잡히고, 다시 뛰어오르며
삶과 죽음의 순환을 노래한다

아이들의 웃음소리, 어른들의 전략과 기지
한데 어우러져 피어나는 대보름날의 온기
이윽고 참먹이를 향해 내달리는 말들처럼
우리도 희망을 품고 나아간다

윷가락이 던져질 때마다 울리는 경쾌한 소리
그 안에 담긴 우리의 전통과 추억
윷놀이, 단순한 놀이를 넘어선 삶의 축소판
그 속에서 우리는 함께 웃고 울며 하나가 된다

설레임 태백산

어린 꽃봉오리 피우며 오르는 순백의 설꽃레임
폭폭수 쏟아져 내려오는 은하수
산맥을 따라 굽이 굽이치는 설산

장군봉에서 천제단으로 가는 길
청옥산으로 흐르는 운해 영험한 기에 이끌려
제단 앞에서 돌처럼 앉아 기도한다

천년 주목은 기생을 하지만
만년 인간은 산자락을 오르내리며
겨울의 한복판을 뚫고 태백산을 퍼서 올린다

나의 할인 코너

바닥에 붙은 붉은 스티커
"50% OFF" 누군가의 손길이 스친 자국 위로 필요에 의해 나는 반짝인다

나는 장바구니를 밀고 조심스레 싱싱하지 않는 딸기를 본다 한쪽이 뭉크러진 채 유통기한을 삼키고 있는 딸기 옆 사람과 눈이 마주친다 우리는 같은 딸기를 노렸고 순간 서로의 손끝이 닿는다 "먼저 고르세요." 낯선 미소가 투명한 포장지 너머로 번진다

떨이몰 가격만큼 내 마음도 가장 저렴하다 내 이름 위에 붉은 잉크로 "할인"이라 적힌 순간 나는 잠시 누군가의 필요가 된다 누군가의 손길을 기다리는 진열대 가장자리에 나의 알뜰 쇼핑 코너를 그라핀처럼 얇은 가격표를 내 이름위에 붙이고 진열한다

나는 코가 못생겨서 30% 할인된 가격에 내놓아 팔리고 입은 크고 하마 같아서 50원 세일해서 팔리고 나의 눈은 한쪽

이 찌그러져서 원플러스 원에 끼고서 팔리고 나의 가슴은 축 늘어져서 경매에 올려 겨우 늙은 할아버지에게 낙찰되었다고 박수를 친다 이제 남은 것은 마음뿐인데 이것은 어떻게 팔아야 할까 고민 하던 중 나의 멘토 교주님에게 자문해보니 "당신은 마음에 욕심까지 남아 있으니 빅쎄일도 아니고 공짜로 퍼주세요."

 팔아야 사는 코너의 공기는 싸이렌 경보음보다 빠르다 나는 싸게 받는 것이 아니라 내 가치를 새로이 발견하는 중이다 누군가의 필요에 의해 그 순간만큼은 가장 빛난다 나는 나를 산산이 쪼개 에누리된 마음으로 세상에 나를 내놓는다

 누군가의 카트에 실려 집으로 가는 길 나는 길거리에서 하이에나처럼 세일 딱지가 붙은 스티커를 몽땅 스캔하고 있다

카페 기와

기와 아래로 비치는 햇살
그곳엔 커피 향이 머문다

한옥의 향기가 숨겨진 고요함 속
잔잔히 흐르는 시간의 맛
나무 마루 위에 놓인 잔
도자기 빛깔에 담긴 잔잔한 물결
입술에 닿는 순간
과거와 현재가 한데 어우러진다

기와의 곡선처럼 부드러운 향
돌담처럼 깊고 단단한 여운
한 모금 삼킬 때마다
이곳은 단순한 카페가 아닌 쉼의 정원

바람이 스쳐 지나가며 속삭인다
"시간이 멈추어 커피가 된다."

중년의 취미, 덕질에 대하여

저녁이 오면 창가에 앉아
작은 피규어 하나를 손끝으로 돌린다

세상의 소음은 점점 멀어지고
내 안의 소년이 조용히 눈을 뜬다
손등 위로 빛바랜 꿈들이
고요히 내려앉는다

누군가 말한다
이 나이에 뭐하러 허공을 향해
작은 깃발을 흔드냐고

나는 웃는다
쌓아 올린 기억 견디며 참아왔던 눈물이
나를 다시 살아가게 한다
이 작은 우주가 내 하루의 구원을
속삭여 준다

나는 오늘도 작은 기쁨을 모아
내일을 향해 새로운 끈을 꿰며 걸어간다

아버지의 그림자

저녁이 내릴 때면
창가에 길게 드리우는
붉은 인동꽃의 그림자
나는 그 끝을 잡으려
손을 뻗는다

바람이 불어온다
지폐를 쥐여 주던 손은
낡은 셔츠 사이로 스며
내 모난 마음을 흔든다

시간은 모서리가 닳은
벽에 걸린 괘종시계 소리
아버지의 목소리는
먼지 낀 레코드처럼
가끔 씩 돌아온다

보고 싶다
말 한마디가

입술에 맺혀
이슬처럼 떨어진다

어버이날 붉은 카네이션 한 송이
가슴에 달아 주지 못한 채
나는 오늘도
대관령 산 그림자를 가만히 어루만진다

첫사랑

낙엽이 스쳐도 아팠던 추억
움추렸던 어깨도 기지개를 켜고
봄날은 어머니처럼 환하게 온다

사랑은 빈 가지에 새싹 돋듯이
저절로 메마른 가슴에
장작불로 활활 타오른다

담장 아래 수줍게 핀 수선화가
등불 켜고 기다리는 처녀같다

보내지 못한 메일은
두근거리는 마음으로
만지작거리다가 휴지통이 삼켜버린다

해 질 녘 풋내기 총각이 마중 가는 길
발자국 한편에
냉이꽃이 활짝 웃는다

바벨탑

 지날 평지 낮은 땅 위에 벽돌과 역행하는 손끝에 남은 불의 냄새 우리는 하늘을 닮고 싶어 흩어짐을 두려워하며 욕망은 시퍼런 정맥으로 빠져 나갔다

 높이 더 높이 서로의 눈빛을 쌓아 신의 자리에 닿으려 했으나 말이 갈라지고 마음의 공든 탑이 무너졌다 멈춘 손끝에 남은 것은 아무도 부르지 않는 부서진 벽돌 그 틈마다 욕망의 온기는 벽에 걸린 채 서로의 이름을 부르지 않았다 침묵만이 남아 새로운 길을 인도하는 발자국을 선명하게 찍어준다

 신이 언어를 쪼갤 때 우리는 서로의 눈동자에서 낯선 그림자를 보았고 바람은 언어를 잃고 말이 갈라지고 마음이 멀어진 탑은 무너진다 이제 우리는 다른 신세계로 향하여 서로를 이해하려 더듬는 손길 교만의 재위에 겸손한 씨앗의 동산을 세우며 신이 부여한 준엄한 명령에 몸이 납작 엎드려져서 탑은 다시 쌓지 않으리라는 굳건한 믿음으로 두 손을 모은다

 유리와 철골 사이 서로를 모른 척 지나가며 상상할 수 없이 외면하던 진실은 속삭이며 저녁이 오면 빛이 사그라들 때 교만과 불순종이 긴 그림자로 온 인류의 삶을 덮으며 흩어진 자리마다 작은 불빛 하나 새로운 씨앗으로 불타오르고 있다

무인점포에서

새벽의 유리문이
조용히 나를 반긴다

사람 없는 계산대 위
빛나는 스캐너 불빛
내 손끝의 떨림까지
기억하는 기계의 눈

나는 말없이
식빵과 커피를 들고
공기 속에 남은
어제의 온기를 더듬는다
창밖엔
네온사인과 달빛이
서로를 닮으려 애쓰고
내 그림자만
조용히 바닥에 눕는다

〉
이곳엔 누구의 목소리도
따뜻한 인사도 없지만
나는 가끔 이 고요 속에서
내 마음의 작은 평화를
조용히 듣는다

너는 동전을 못 먹는 로봇여신
익숙한 자리에 앉아 지폐를 먹으니
굶었던 내 가슴이 뛰기 시작했다

무상수리 고객통지문

잠자는 새벽 전자 신호는 미세하게 흔들린다
운행은 잠시 멈추고 차가운 알림이
은밀하게 우편함을 두드린다

고객님 당신의 차는
슬립 모드의 꿈에서 깨어나지 못할 수도 있습니다
이것은 오류 이것은 사과 이것은 무상입니다

OTA
공기 중에 흐르는 업데이트
무선의 손길로 다시 정상 궤도를 찾는다

반복되는 통지 세 번의 경고 끝에
센터의 빛 아래 정비사의 손길이 닿는다

부품과 로직
불안정한 신호와 잠깐의 정지로
문명을 유지한다

〉
무상수리 그것은 불편에 대한 사과
그리고 조용한 복구

법의 이름으로 문명의 이름으로
일상에 작은 균열을 남긴다

그러나 도시는
언제나 다시 활기차게 움직인다

무너진 1.5도

유리창 너머 희미하게 번지는 푸른 신호
아스팔트 위로 흐르는 뜨거운 바람의 숨결

작은 숫자에 담긴 거대한 약속
깨진 온도의 조각들이
빛의 파편처럼 흩어진다

어둠은 더 이상 밤의 이름이 아니다
새벽의 숲 깊은 바다의 숨결
모두가 잃어버린 균형을

창세기를 펼쳐 들고
"태초에 하나님이 천지를 창조하시니라."
쌀알 같은 양식을 먹는다

도시는 꿈을 꾸지 않는다
유리와 강철의 심장도 더는 차갑지 않다
붉게 달아오른 지평선
사라진 계절의 경계

〉
너의 미래는 물방울처럼 흔들리고
불확실한 시간의 강 위에 가만히 떠 있다

이제 누가 대답할 것인가
무너져 가는 그 너머의 지구를

모내기, 왜가리 놀다

써레질을 시작한 아침
물결 위로 번지는 햇살
잠겼던 초록 눈이 숨을 쉰다

긴 다리로 조심스레
물 위를 걷는 흰 깃털
바람에 흔들리고
젖은 흙 사이로
미래의 꿈이 자란다

한 뼘씩 수놓은 아라비아 숫자는
고요한 아픔이 몰려와
아버지 어깨에 핀 소금꽃은
자식의 적금통장으로 쌓인다

시간은 느리게 흐르고
나는 잠시 멈춰
외로움을 삼킨다

〉
평화로운 움직임 일상의 풍경이
일용할 양식을 위해
주기도문을 새롭게 읽고있다

가발

삶의 또 다른 변신
잃어버린 세월과 자신감을 되찾아 준다

한 올 한 올
사람의 기억을 품은 머리카락이 낯선 손길에 닿는다
가위와 바늘 실이 춤추는 공간에서 새로운 삶을 시작한다

여신의 두상 위에 지도를 그린다
고정된 그물망 위에 한 땀 한 땀 자수를 놓는다
바늘 끝에서 태어나는 매듭 새로운 매듭을 탄생한다

장인의 손끝에서 시간이 쌓이며 탄생한 두피
빛을 받아 반짝이며 물결을 이루고
지나가는 자리마다 눈부신 여신들의 수다가 이어진다

마지막 손길로 다듬어진 삶의 변신
여인의 두피 위에 앉아
세상에서 단 하나뿐인 선물이 된다

시해설
과거의 반추와 현재의 성찰을 잇는 순수 이성

심은섭

[시해설]

과거의 반추와 현재의 성찰을 잇는 순수 이성

심은섭

(시인·문학평론가)

1. 차가운 이성의 결과

데카르트는 이성(理性)을 가리켜 '자연의 빛'이라고 했다. 데카르트가 이성을 '자연의 빛'이라고 말한 것은 인간이 외부적인 요인에 의존하지 않고 스스로 진리를 깨달을 수 있게 하는 내재적이고 본질적인 이성의 능력을 의미한다고 말할 수 있다. '자연의 빛'은 신이 인간에게 부여한 본성적인 인식 능력을 말한다. 이는 어떤 경험이나 학습을 통해 얻어지는 것이 아니라, 태어날 때부터 가지고 있는 것이다. 마치 사물을 보려면 빛이 필요하듯이, 진리를 인식하려면 이 빛, 즉 이성이 필요하다는 비유이다. 그러므로 '자연의 빛'은 우리가 확실한 진리를 얻을 수 있는 가장 근본적인 토대가 된다는 것이다.

이 이성을 사전적 의미로 말해보면 사물의 이치와 원리를 알아내는 힘이고, 논리적·개념적으로 생각하는 힘이다. 다시 말해서 옳고 그름을 가릴 수 있는 능력을 말한다. 또 다른 측면에서 바라면 이성은 '사물을 가리는 능력'이라고 표현하기도 한다.

이 같은 이성을 앞세운 박미선 시인은 지난날의 아름다운 추억을 시라는 매개체를 통해 소환하고 있다. 소환된 추억은 삶에 다시 투사(投射)되어 삶의 에너지로 환산된다. 환산된 에너지는 지친 사람들이나 저소득층 사람들의 등불로서 역할을 한다. 그래서 시를 통해 소환되는 유년의 추억은 꾸밈이 없다. 요컨대 정직하다는 것이다.

    나는 어린 시절로 돌아가 본다
    어머니의 손끝이 닿았던 밭머리
    땀을 흠뻑 마시고 하얗게 미소 짓는 웃음
    손바닥에 남은 흙냄새
    입안에서 천천히 퍼지는 은은한 단맛

    흙과 바람과 햇살이
    잠시 멈춘 5월의 기억처럼

눈꽃이 되어 내 안에서 맛을 배운다
「5월에 핀 감자꽃」 일부

시인은 단순히 시 「5월에 핀 감자꽃」을 통해 지난날을 추억하고, 감상에 젖는 일에 머물지 않는다. 이 시는 하나의 순수 서정시로 취급할 수 있으나 추구하는 궁극적인 목적이 즐거움을 주는 쾌락적 기능보다는 교시적 기능에 더 가깝다고 말할 수 있다. 왜냐하면 어떤 불순물이 끼어들지 않는 순수한 시의식으로 어머니에 대한 회고를 하고 있기 때문이다. 어머니를 연상하게 하고, 그 연상으로 다시 한 번 부모님을 생각하도록 독자들을 유도한다. 이러한 점이 간접적으로 부모에 대한 효를 생각하게 만드는 교시적 기능에 더 가깝다고 하는 이유다.

가령 '어머니의 손끝이 닿았던 밭머리/땅을 흠뻑 마시고 하얗게 미소 짓는 웃음/손바닥에 남은 흙냄새/입안에서 천천히 퍼지는 은은한 단맛'이라는 4가지의 병렬적 은유는 이 「5월에 핀 감자꽃」으로 하여금 많은 생각을 하게 만든다. 특히 바쁘게 살아가는 현대인들에게 잠시 동안 일손을 멈추고 고향에 계신 어머니를 생각하도록 인도한다. 또한 박미선 시인의 시의식이 신록의 청명함이 드러나는 시이기도 하다. 그 원인은 '흙 속에서 자라나는/보이지 않는 믿음의 힘'이 있기 때문이다.

그 '믿음의 힘'은 어머니가 보여준 흙의 믿음이며, 어머니

로부터 세습된 '믿음의 힘'을 두 무릎을 꿇고 지켜왔기 때문이다. 박미선 시인의 시의식은 하얀 감자꽃을 '어머니의 젖은 땀이 피어난다'(「5월에 핀 감자꽃」 일부)라는 은유로부터 출발한다. 이러한 시의식은 「5월에 핀 감자꽃」에서만 발원되는 것이 아니다. 「돌하루방」에서도 일맥상통한 면을 발견할 수 있다. 모두가 주지하다시피 '하루방'은 '할아버지'의 제주도 방언이다. 매우 친근감이 가는 말이다. 이렇게 친근한 정서를 가진 제주도를 박미선 시인은 '화산재 속에 묻힌/수천 겹의 바람/그 위에 돋아난/투박한 꽃 한 송이'(「돌하루방」 일부)로 보고 있다.

  박미선 시인은 대상을 바라보며 시적 사유가 이루어질 때 이성을 앞세우나 그 이성으로 자기를 합리화하지 않는다. 다만 그 이성을 공론할 뿐이다. 그래서 시인의 감정이 주관적이지 않다는 것이다. 즉 객관적이라는 뜻이다. 시인은 시적 자아로서 직접적으로 개입하지 않는다. 보고 느낀 바를 3인칭 시점에서 제시만 한다. 다른 말로 표현하자면 시인은 느끼고, 그 행동의 양식이 실천으로 이어지도록 주선만 한다는 것이다.

    사람 없는 계산대 위
    빛나는 스캐너 불빛
    내 손끝의 떨림까지
    기억하는 기계의 눈

나는 말없이

식빵과 커피를 들고

공기 속에 남은

어제의 온기를 더듬는다

창밖엔

네온사인과 달빛이

서로를 닮으려 애쓰고

내 그림자만

조용히 바닥에 눕는다

「무인점포에서」 일부

  신용으로 거래되는 무인점포이다. 이 얼마나 양심적인 공간이 아니라고 말할 수 있겠는가. 얼음보다 더 냉정한 이성이 살아있을 때만 상업 행위가 가능한 곳이다. 사람은 없으나 스캐너 불빛은 빛이 난다. 왜 그럴까? 무인점포라는 감시의 대상이 없는 양심의 불빛만이 있어 스캐너 불빛이 더 밝아 보인다는 의미이다. 아니다. '내 손끝의 떨림까지/기억하는 기계의 눈'이 있기 때문이다. 그래서 시인은 '내 그림자만/조용히 바닥에 눕는다'고 심정을 토로한다.

  시의식의 기저엔 순수이성이 늘 상존하고 있는 것이 박미선 시인의 시세계의 본질이다. 그의 내면은 '비움'이고, '공간'

이고, '떨림'이고, '온기'이고, '눈'이라는 긍정어의 일색이다. 그런 까닭에 시인의 시는 이성적이나 자기 합리화를 가장한 이익을 취하는 시세계를 만들어 가지는 않는다. 오로지 한 면이고, 뒤돌아 가지 않는 강물의 발걸음 같은 이성을 가진 시세계를 드러내 보인다. 시를 읽는 내내 계곡의 물소리이며, 들어본 적이 없는 낯선 새소리를 낸다. 그래서 박미선 시인의 내면엔 몇 개의 초원이 있고, 여름날의 강바람만 있다고 말하는 것이다.

박미선 시인은 사람보다는 규범이 우선하는 세상을 동경한다. 박미선 시인에겐 규범은 엄중한 법칙이 아니라 작은 약속의 의미로 정의된다. 이 작은 약속은 실천으로 이어지고, 갈등과 번뇌가 없는 서방정토의 공간으로 서정자아가 스스로 위안을 삼는 새로운 세계다. '무인점포'는 죄와 벌의 사이에 미세한 차이만 있는 세계다. 이성만이 존재할 때 '투명한 벽'의 세계가 되지만 '언어의 그림자로/너를 더듬는'(「앵프라맹스inframince」 일부) 초월적인 공간이 된다. 그리고 시인은 「초록의 기도, 빛의 언덕에서」 자신에게 묻는다. '낯선 좁은 공간 안에서/무엇이 나를 살아있게 하는지/무수한 언어의 나열 퍼즐 빛인가 바람인가/혹은 이름 없는 작은 풀꽃의 숨결인가'(「초록의 기도, 빛의 언덕에서」 일부)라는 질문으로 스스로 자아찾기를 하고 있다.

이외에도 「5월에 핀 감자꽃」, 「돌하루방」, 「초록의 기도, 빛의 언덕에서」, 「첫사랑」, 「튤립, 붉은 파동」, 「햇살의 파편, 잠든 꿈을 깨우다」 등이 이성을 앞세워 쓴 모더니즘 시로 분류되는 작품들이다.

2. 변혁적 열망의 참여시

박미선 시인의 시집 『저녁물살이 호수처럼 가슴에 고일 때』에 참여시 경향의 시가 다수 실려 있어, 의아하게 생각하였다. 그러나 그의 면면을 살펴보면서 이미 집단 지성을 가지고 있다는 점이 파악될 때 그 의문점이 풀렸다. 박 시인은 국문학 전공자로서 대학원에서 박사과정을 수료하고 현재는 학위논문을 쓰고 있는 연구자의 신분이란 점이다. 부조리한 사회를 비판하는 참여시를 쓰는 이유를 여기에서 찾을 수 있던 것이다.

참여시(參與詩, Engaged Poetry/Socially Engaged Poetry)는 단순히 개인적인 감정이나 아름다움을 표현하는 것을 넘어, 사회 현실에 적극적으로 개입하고 비판하며, 변혁을 지향하는 목적을 가진 시를 말한다. 즉, 시인이 현실의 모순, 부조리, 불평등 등에 대해 문제의식을 느끼고, 이를 시를 통해 고발하거나 비판하며, 독자들에게 현실 인식과 행동을 촉구하는 문학적 실천이다.

2025년 4월 4일 오전 11시 22분
"피청구인 대통령 윤석열을 파면한다."

둔탁한 겨울의 둔기로 쾅 쾅 쾅
깨어진 얼음 틈새로
빛이 스며든다

무너진 탑의 잔해 속
묻혀 있던 씨앗들이
조용히 숨을 고른다

한남동의 회색 하늘
그 아래 흩어진 잎사귀들
마침내 봄을 부른다

「마침내 봄」 일부

　시 「마침내 봄」은 2025년 4월 4일이라는 구체적인 날짜와 "피청구인 대통령 윤석열을 파면한다."는 문구로 시작하여 강렬한 현실 비판적, 참여시적 성격을 드러낸다. 이 시는 특정 정치적 사건을 배경으로 하여 절망과 암울했던 시기를 극복하고 새로운 희망을 맞이하는 과정을 서정적으로 묘사하고 있다.
　특히 예시의 「마침내 봄」은 참여시로서 참여시의 주요 특징은 '사회 현실 반영'과 '비편적 시각', '대중 지향성', '윤리적 책임'으로 구분된다. 그중에서 박미선 시인의 「마침내 봄」은 사회, 정치, 역사적 사건, 계급 갈등, 민주화 운동, 빈부 격차, 환경 문제 등 다양한 사회적 이슈들을 다루는 '사회 현실 반영'이라는 특징을 가지고 있다.

이 중에서 시적 상황 및 배경이 잘 묘사되어 있다. 먼저 시간적 배경을 살펴보면 2025년 4월 4일 오전 11시 22분이다. 이는 실제 사건을 염두에 둔 구체적인 시간 명시로, 시의 현실 참여적 성격이 강조된다. 사건의 내용에서 "피청구인 대통령 윤석열을 파면한다."라는 문구는 대통령 탄핵 또는 그에 준하는 정치적 결정을 암시하며, 시가 특정 정치적 상황에 대한 반응임을 명확히 하고 있다. 이는 시적 화자가 느꼈던 억압적이고 절망적인 상황의 원인을 직접적으로 지목한다고 볼 수 있다.

단순히 현실을 비판하는 것을 넘어, 더 나은 사회를 만들고자 하는 변혁적 열망이 박 시인이 참여시를 쓰게 만든 동기로 판단된다. 시가 사회 변화의 촉매제가 될 수 있다는 믿음이 바탕에 깔려 있는 것이다. 또 그는 시를 통해 사회에서 소외되거나 억압받는 사람들의 고통과 목소리를 대변하고자 한다. 그것은 문학이 사회적 약자들의 편에 서서 그들의 아픔을 드러내고 연대하는 통로가 될 수 있다고 보기 때문이다.

나무는 오래된 그림자를 드리우고/그 안에 잠시 서서

1987년을 소환한다/나는 한 줌의 떨림으로/당신의 손을 맞이 했다//

정갈한 미소/비단결 위로 흐르던/국가의 무게와/한 사람의 체온이/교차하던 순간//

말 없는 악수/그 짧은 접촉 속에/역사의 먼지와 /민주화의 갈망이/용수철처럼 튀어 올랐다//

「빛과 그림자의 경계에서」 일부

시 「빛과 그림자의 경계에서」는 민주화 시대의 역사적 전환국면에서 경험한 개인적인 감회와, 그 시대를 통해 얻은 민주주의가 여전히 '미완성'임을 인식하며, 미래를 향한 성찰과 갈망을 담아낸 작품이다. 과거의 아픔과 현재의 희망, 그리고 미래의 과제가 교차하는 '빛과 그림자의 경계'에 서 있는 시적 화자의 깊은 사색을 엿 볼 수 있다.

'푸른 기와'는 청와대, 즉 권력의 중심부를 상징한다. '주인 없는 객들'은 당시 민주화를 염원하며 권력의 부당함에 저항했던 시민들을 의미할 수 있다. 그들의 '발자국'은 단순한 행적이 아니라, 억압적인 상황 속에서도 굴하지 않았던 민중의 강한 의지와 행동을 의미한다. '또렷하고 힘차다'는 표현이 그들의 투쟁이 분명하고 강력했음을 보여주는 부분이다.

'돌계단'은 청와대와 같은 권력의 상징적인 공간으로 이어지는 길이다. '군화발 냄새'는 과거 군부 독재 시절의 억압과 폭력을 연상시키며, '희미하게 남아있는'이라는 표현은 시간이 흘렀음에도 그 잔상이 완전히 사라지지 않았음을 암시하는 것이다. '어느 날의 결심과 어느 밤의 침묵'은 민주화 과정에서 이뤄졌던 중요한 결정들과, 한편으로는 그 과정에서 어쩔 수 없이 감수해야 했던 고뇌와 침묵의 시간을 함축한다..

박미선 시인의 "누구를 위하여 종을 울렸던가"는 헤밍웨이의 소설 제목을 차용한 것으로, 자유와 민주주의를 위한 투쟁과 희생이 과연 누구를 위한 것이었는지, 그 의미와 결과에 관한 질문을 던지며 성찰적인 태도를 보이고 있다.

유리창 너머로/도시는 검은 비늘을 세운다/빛과 어둠이 교차하는 골목/나는 손에 쥔 악어백을 문지른다//

가죽 위로 흐르는 아마존강/밀림 속 악어가 숨을 고른다/무늬마다 각인된 어제의 기억 오늘의 욕망//

명품이란 이름 아래 침묵하는 사치/그 속에 감춰진 수십 번의 눈물과 환희/이 가방을 들고 부르지 않는 길을 걷는다//

빛이 스며드는 모서리마다/고요히 반짝이는 유혹/악어의 숨결이 손끝에서 살아난다//

그리고 지금 나의 어깨 위에는/총을 겨누며 정조준하고 있는/밀림의 사냥꾼들이 포진하고 있다//

「악어백, 그 밤의 미로」 전문

위의 시 「악어백, 그 밤의 미로」는 직접적인 사회 문제 고발이나 변혁을 촉구하는 '참여시'의 전형적인 형태에 해당하지는 않는다. 하지만 간접적이고 은유적인 방식으로 현대 사회의 특정한 단면(물질주의, 소비주의, 부의 불평등 등)을 비판적으로 탐색하고 있다는 점에서 참여시적 요소가 있다고 보는 것이다. 즉, 직접적으로 구호를 외치거나 시위를 묘사하는 것이 아니라, 개인적인 경험과 사물(악어백)을 통해 사회적 의미를 탐색하는 방식을 취하고 있는 시다.

이 시를 참여시적 관점에서 보면, '악어백'이라는 구체적인 사물을 통해 현대 자본주의 사회에서 소비주의, 욕망, 부의 불평등, 그리고 그 이면에 숨겨진 폭력성을 은유적으로 비판하는 시도로 볼 수 있다. 가령 1연의 "유리창 너머로/도시는 검은 비늘을 세운다"에서 도시를 '검은 비늘'로 묘사한 것은 현대 도시의 차갑고 물질주의적인 면모, 혹은 그 속에 숨겨진 위협적인 속성을 암시하는 것이다. '검은 비늘'은 또한 악어의 비늘을 연상시키며, 도시 자체가 거대한 소비의 맹수처럼 느껴지게 한다.

5연의 "그리고 지금 나의 어깨 위에는/총을 겨누며 정조준하고 있는/밀림의 사냥꾼들이 포진하고 있다"는 이 표현이 이 시의 가장 강력한 비판적 메시지를 담고 있다. 여기서의 '사냥꾼'은 다양한 의미로 해석될 수 있으며, 인간의 탐욕으로 희생된 자연(악어)이 역으로 인간에게 복수하거나 위협하는 존재로 인식하는 시세계를 보여준다. 또한 명품 소비와 사치에 대한 사회적 비판이나 도덕적 압박. 그리고 명품 소비 뒤에 숨겨진 잔인함에 대한 시적 화자 자신의 내면적 죄책감과 불안감이 시 속에 육화되어 있다. 따라서 박미선 시인은 「악어백, 그 밤의 미로」을 통해 욕망을 쫓아가는 이들에게 드리워진 자본주의 시스템의 냉혹한 본질과 언제든 뒤바뀔 수 있는 위치에 대해 경고하고 있다.

박미선 시인의 「악어백, 그 밤의 미로」는 특정 사회 문제에 대한 직접적인 선언보다는, 현대 소비 사회의 단면과 인간의 욕망, 그리고 그 이면에 숨겨진 폭력과 윤리적 문제를 '악어백'이라는 상징적인 매개체를 통해 섬세하게 탐색하고 있다. 따라서 직접적인 참여시로 구분하기 보다는, 사회 비판적 성격을 지닌 서정시로 분류하는 것이 적절하다. 그럼에도 불구하고, 사회 문제에 대한 비판적 인식을 공유하려는 의도가 담겨 있다는 점에서 참여시적 요소를 내포하고 있다고 평가할 수 있는 것이다.

예시로 삼았던 3편 외에도 참여시이거나 참여적 계열의 시로 「5월의 기도」, 「가발」, 「산등성이에 핀 꽃」, 「바벨탑」, 「붉은 장미의 노래」, 「섯알 오름의 바람 제주」, 「세한의 집에 앉아」, 「시멘트 꽃」, 「알뜨르비행장 아래」, 「오물풍선」, 「중년의 취미, 덕질에 대하여」 등이 해당된다.

3. 감각적 교감을 통한 자연의 생명력 인식

박미선 시인의 시집 『저녁물살이 호수처럼 가슴에 고일 때』는 주제의 다양성이 돋보인다. 앞에서 논의해 왔던 이성을 앞세워 사물을 냉철하게 보는 시선과 정치·경제·사회면에서 부조리한 일들에 대해 비판의 목소리를 내는 시의식을 보아왔다. 그러나 또 다른 '자연예찬'의 시세계가 보여 지고 있다. 이점을 고려하여 몇 편의 대표시를 선정하여 분석해 보면 다음과 같다.

> 나는 어린 날의 그림자를 밟고
> 흩날리는 꽃잎을 따라 걷는다.
> 달콤한 유혹으로 걸었던 셀 수 없는 맹세의 잎사귀
> 가느다란 가지 위에
> 잠시 머물던 옛 여인의 환한 웃음이 걸려있다
>
> 모서리가 닳아버린
> 유리창에 비친 내 얼굴은
> 지나간 세월의 기억을 더듬어 주고있다
>
> 세상의 모든 침묵을 흔들어 깨우며
> 너의 향을 삼킨다.
>
> 「오월, 아카시아의 시간」 일부

박미선 시인의 「오월, 아카시아의 시간」은 단순히 아름다운 풍경을 묘사하는 것을 넘어, 자연 속에서 시간의 흐름, 과거의 기억, 그리고 현재의 자아를 성찰하는 깊이 있는 자연 예찬의 시의식을 보여주고 있다. 즉, 자연을 개인의 내면과 삶을 들여다보는 매개체로 삼고 있다. 박미선 시인이 '자연 예찬'을 어떤 방식이나 시의식으로 표현했는지를 「오월, 아카시아의 시간」에서 분석해 본다.

시인은 오월의 아카시아를 다양한 감각으로 경험하며 자연의 생명력을 생생하게 포착한다. "햇살은 흰 비단을 펼치고", "흩날리는 꽃잎", "흰 파도의 물결" 등 시각적인 이미지를 통해 오월의 찬란함과 아카시아 꽃의 순수함을 드러내고 있으며, "루이스 향수", "바다 냄새", "너의 향을 삼킨다"와 같이 아카시아 향과 바다 내음이라는 후각적 이미지를 통해 자연의 존재감을 강렬하게 느끼고, 이를 예찬하고 있다. 특히 '루이스 향수'라는 구체적인 명칭을 사용하여 아카시아 향이 지닌 특별하고 매혹적인 특성을 강조한다.

또 "손끝에 닿지 않는 흰 파도의 물결", "손끝에 닿지 않는"이라는 표현은 자연의 경이로움 앞에서 느끼는 경외감과 초월적인 아름다움을 시사한 촉각적 이미지로 표현한 시행이다. 이처럼 시인은 오감을 동원하여 자연과 깊이 교감하고, 그 속에서 생동하는 자연의 아름다움과 신비로움을 예찬하고 있다. 이런 심성은 천성과 연결되어 있다. 즉, 박미선 시인은 부모로부터 물려받은 DNA가 있어 단순히 자연의 아름다움을 예찬하는 것을 초월하여 자연에 대해 성찰할 수 있는 심상을 드러낼 수 있는 것이다.

시인은 「오월, 아카시아의 시간」을 통해 자연의 변화 속에서 과거의 기억과 추억을 떠올리며 현재와 과거를 연결한다. "잃어버린 골목 끝 담장 너머/낡은 담벼락 틈새로/올라오는 루이스 향수"는 '잃어버린 골목', '낡은 담벼락'은 과거의 공간을 상징하며, 그곳에서 피어오르는 아카시아 향은 잊고 지냈던 기억을 불러일으키는 매개체가 된다. "나는 어린 날의 그림자를 밟고/흩날리는 꽃잎을 따라 걷는다."는 '어린 날의 그림자'는 유년 시절의 기억을 의미하며, 아카시아 꽃잎을 따라 걷는 행위는 과거 속으로의 여정을 상징한다. "잠시 머물던 옛 여인의 환한 웃음이 걸려있다"에서 아카시아 가지에 걸려 있는 '옛 여인의 웃음'은 사랑했던, 혹은 소중했던 과거 인물과의 추억을 소환하는 행위이다. 이는 단순한 풍경 묘사를 넘어, 자연이 개인의 삶과 기억을 담아내는 그릇임을 보여주는 서정자아의 심상이다.

이처럼 박미선 시인은 자연을 기억의 저장소이자 회상의 통로로 여기며, 자연 속에서 자신의 과거를 재구성하고 그 의미를 되새기고 있다. 이것은 자연이 단순한 배경이 아니라, 자아를 이해하고 과거를 치유하는 중요한 역할을 한다는 시의식으로 볼 수 있기 때문이다.

요약해보면 박미선 시인은 아카시아로 대표되는 자연을 단순히 아름다움의 대상으로 예찬하는 것을 넘어, 자아의 내

면을 탐색하고, 지나온 시간을 돌아보며, 삶의 의미를 재발견하는 중요한 매개체로 삼는다. 자연은 시인에게 기억의 보고寶庫이며, 삶의 활력을 불어넣는 치유의 공간, 그리고 새로운 시작을 다짐하게 하는 영감의 원천인 것이다.

> 하늘에 기도를 드리는 길/흰색의 어둠 속에서 빛을 발하는/
> 자작나무 수피는/새하얀 눈 속에서 더 하얗게 빛난다//
>
> 은백색 껍질을 고이 벗겨/꿰매어 놓은 수많은 문장들/소포에
> 정성껏 담아/차디찬 그대에게 보낸다//
>
> 하늘에는 초롱초롱 빛나는/별들이 왁자지껄 소란하고/생명이
> 생명을 안고 체온을 나누며 함께 숨을 쉬는 이곳//
>
> 자작나무 숲속에서/산너울 따라/신명 나게/꽃 춤을 추고 싶다//
> ─「자작나무 숲속」일부

위의「자작나무 숲속」도 자연을 예찬하는 시라는 점에서 이론의 여지가 없다. 시인은 자작나무 수피를 "흰색의 어둠 속에서 빛을 발하는", "새하얀 눈 속에서 더 하얗게 빛난다"는 방식으로 묘사하며, 그 아름다움을 강조하기 때문이다. 또한, "하늘에는 초롱초롱 빛나는 별들이 왁자지껄 소란하고"와 같이 별을 생동감 있게 표현하며, 자연의 활기찬 모습

을 나타내기 때문이다. 이런 표현을 두고 자연물에 대한 긍정적 묘사라고 한다. 또 시인은 자연과의 교감 및 일체감을 이루는 표현을 한다.

"생명이 생명을 안고 체온을 나누며 함께 숨을 쉬는 이곳"이라는 표현에서 자연 속에서 모든 생명이 조화롭게 살아가는 깊은 유대감을 보여준다. 마지막 연에서는 "자작나무 숲속에서 산너울 따라 신명 나게 꽃 춤을 추고 싶다"고 표현하며, 자연과 하나 되어 즐거움을 느끼고 싶은 화자의 염원을 드러내고 있다. 이것은 자연을 단순한 배경이 아니라, 화자가 자연과 적극적으로 교감하고 동화되고 싶어 하는 대상으로 바라보고 있음을 확인할 수 있다.

예시 「자작나무 숲속」은 자연이 주는 위로와 희망을 담고 있다. "은백색 껍질을 고이 벗겨 /꿰매어 놓은 수많은 문장들/소포에 정성껏 담아/차디찬 그대에게 보낸다"는 구절은 자작나무를 통해 얻은 메시지나 위로를 다른 이에게 전달하려는 의지를 보여주는 시행이며, 동시에 자연이 시적화자 persona에게 영감과 긍정적인 힘을 주고 있음을 암시하는 것이다. 이처럼 시는 자작나무 숲을 중심으로 자연의 아름다움과 생명력, 그리고 그 안에서 느끼는 화자話者의 긍정적인 감정과 교감을 효과적으로 표현하고 있어 자연예찬의 시로 볼 수 있는 충분한 조건을 갖춘 것으로 이해된다.

시인의 시집 『저녁물살이 호수처럼 가슴에 고일 때』에 실린 「산 사나이의 눈물」, 「고요한 혁명, 잎새의 속삭임」, 「까맣게 타버린 봄」, 「다육이」, 「더덕라떼」, 「더덕을 캐던 날」, 「어머니왕주목에 바치는 시」도 모두 같은 맥락의 시들이다.

4. 반추와 성찰하는 자아

 인간은 성찰하는 주체인가 아니면 그 반대편에 서 있는 주체인가. 성찰하며 반추하는 삶은 자신의 삶을 깊이 들여다보고 의미를 찾아가는 과정이다. 이 두 단어는 비슷한 듯하면서도 중요한 차이가 있다. 성찰省察은 자신을 되돌아보고 살피는 것을 의미한다. 단순히 과거의 일을 떠올리는 것을 넘어, 그 경험과 그 안에서 자신이 느꼈던 생각, 감정, 행동의 근본적인 이유와 의미를 깊이 탐구하는 행위이다.
 성찰은 자신이 무엇을 좋아하고 잘하는지, 어떤 가치를 중요하게 생각하는지 등을 탐색하며 삶의 의미를 부여하는 자기 이해증진과 괴롭거나 슬픈 감정을 정리하고, 새로운 자각으로 이어지도록 하는 마음의 활동이다.
 박미선 시인은 시 쓰기를 삶의 의욕을 꺾는 것이 아니라, 더 나은 삶을 추구하려는 본능적인 작용이라고 볼 수 있는 자기 발전의 동력으로 삼고 있다. 또 자신의 경험을 객관적으로 바라보고, 문제해결 전략이나 더 나은 방안을 모색하는 데 초점을 맞추는 객관적이고 건설적인 시인이 되고자 노력

한다. 나아가 더 나은 자신을 만들기 위해 점진적이고, 지속적인 과정을 거쳐야만 진정한 성찰을 할 수 있는 자신이 될 수 있다는 것을 깨닫는 기회로 삼는다.

한편, 반추反芻는 소가 먹이를 되새김질하듯이, 과거의 일을 반복적으로 곱씹는 것을 의미한다. 반추는 긍정적일 수도, 부정적일 수도 있지만, 심리학에서는 주로 부정적인 의미로 사용될 때가 많다. 그러나 이 글에서는 긍정적 반추(성찰적 반추)와 관련된 주장을 하고자 한다. 드물지만, 자신의 생각과 감정을 정리하고 자기 발전의 계기로 삼을 수 있는 긍정적인 형태의 반추도 있다. 하지만 이때는 성찰의 의미에 더 가깝다고 볼 수 있다.

박미선 시인의 시집 『저녁물살이 호수처럼 가슴에 고일 때』에 실린 시편 중에 반추를 하거나 성찰하는 시는 대부분 부모에 대한 성찰이 많다. 성찰의 시나 반추하는 시 중에서 대표할 수 있는 시를 선정하여 분석해 보면 다음과 같다.

    잎새의 결
    빛나는 초록의 결절 위에
    매년 잊지 않고 피었고
    어머니는 잊은 듯 바라보셨다
    꽃잎이 바람에 흩어질 때마다
    주름진 손등에 한 송이씩
    시간이 내려앉았다

나는 이제
내 마음 한구석에 붉음에 의미를 알았다
붉은 꽃잎 겹겹이 쌓인 침묵
그 속에 숨겨진 뜨거운 심장
시간의 흐름이 멈추어 선 자리
그 곁을 맴돌고 또 돌아본다

어머니는 여전히 피고
시간은 조용히 내 안에서 다시 흐른다

「붉은 작약」 일부

 시의 핵심 소재인 '붉은 작약'은 어머니의 사랑, 희생, 그리고 삶의 뜨거운 에너지를 상징한다. 작약의 '붉음'은 단순히 색을 넘어선 어머니의 강렬한 생명력과 내면의 깊이를 나타내며, '겹겹이 쌓인 침묵'과 '뜨거운 심장'이라는 표현을 통해 그 의미가 더욱 심화된다. 시간이 지나도 '잊지 않고 피었고' 사라지는 듯해도 '여전히 피고' 있다는 묘사는 어머니의 존재가 시인의 내면에서 영원히 살아있음을 암시하는 표현이다.

 '새벽안개를 뚫고 심연에서 떠오르는 불빛처럼'(「붉은 작약」 1연 1~2행)이라는 시작始作은 어머니의 존재가 어둠과 혼란 속에서도 길을 밝혀주는 존재임을 상징(새벽안개)하는 부분이다. 이는 어머니가 시인에게 단순한 양육자를 넘어선

정신적 지주였음을 시각적으로 보여주는 전략이다. 따라서 박미선 시인은 '붉은 작약'과 '새벽안개'라는 상징적 소재 활용을 적절히 구사하고 있음을 알 수 있다.

또 「붉은 작약」은 과거와 현재를 대비시켜 주제를 더욱 심화시키고 있다. 또한 과거의 어린 '나'가 '붉음의 의미를 몰랐던' 시절과 현재의 '나'가 '붉음에 의미를 알았'다고 고백하는 시점을 명확히 대비시키고 있다. 이를 통해 어머니의 희생과 사랑을 뒤늦게 깨닫는 시인의 성숙과 깨달음이 극대화되고 있다. '세월의 주름', '주름진 손등' 등의 표현으로 어머니가 감내한 세월의 흔적과 함께 시간이 어머니께 미친 영향을 시각화하고 있음이다.

동시에 「붉은 작약」에서 순환하는 시간을 드러낸다. 다시 말해서 '매년 잊지 않고 피었고'와 '시간은 조용히 내 안에서 다시 흐른다'는 구절은 시간의 흐름이 단선적이지 않고 순환적임을 말하고 있는 부분이다. 이는 어머니의 사랑이 일회적인 것이 아니라, 계속해서 시인의 삶 속에서 되살아나고 있음을 은유적으로 표현하는 시적 전략 중에 하나다.

박미선 시인은 감각적 이미지와 정서적 표현을 잘 사용하고 있다. '뭉클한 심장을 쓰다듬으셨다', '손끝에 남은 흙냄새' 등은 촉각적 심상을 활용하여 어머니의 따뜻한 손길과 희생을 구체적으로 전달하는 표현들이 있으며. 이는 독자에게 어머니의 존재를 더욱 생생하게 느끼게 하는 효과를 준다. 이뿐만 아니라 '심연에서 떠오르는 불빛처럼'이라는 표현은 공감각적인 표현으로 어둠 속에서 빛나는 어머니의 존재감을 시각적 이미지와 추상적인 의미를 결합하여 전달하며 강렬한 인상을 남기고 있다.

또 시 전체적으로 감정을 직접적으로 드러내기보다는 '뭉클한 심장', '침묵', '뜨거운 심장' 등 함축적인 표현들을 통해 어머니에 대한 그리움과 사랑, 그리고 깨달음을 섬세하게 전달한다. 이는 독자가 시인의 내면세계에 깊이 몰입하도록 돕는다. 이러한 시적 전략들을 통해 박미선 시인의 「붉은 작약」은 단순히 어머니를 그리워하는 것을 뛰어넘어, 어머니의 삶과 사랑의 의미를 깊이 성찰하고 그 깨달음을 독자에게 전달하며 높은 문학적 완성도를 높여가고 있다.

흰 꽃잎이 쏟아지는 오후/서당골 마을 나무 그늘에/어머니는 조용히 앉아 계셨다//

바람이 지나가면/팔십킬로나 나가는 큰 쌀자루가/땅 위에 흩어졌다.//

나는 그 곁에 앉아/손끝에 닿는 환한 얼굴을 바라본다./어머니의 손등 위에도/가만히 내려앉는다//

말없이 건네는 온기/그 속삭임은/햇살보다 부드럽고/바람보다 깊다.//

아무 말 없이/세상을 환하게 채운다.//

나는 알지 못했다./그 조용한 무게와/흩날리는 꽃잎 속에/담긴 따스함을//

오늘/어머니의 무명저고리가 /빨랫줄에서 힘차게 그네를 타고 있다//

「이팝나무 아래에서」 전문

　박미선 시인의 「이팝나무 아래에서」는 어머니에 대한 회고와 더불어 지난날의 자신을 성찰하는 깊이 있는 시다. 이 시의 주제를 명확히 파악하고 분석하기 위해서는 다음과 같은 측면들을 살펴보는 것이 필요하다.

　먼저 '이팝나무', '쌀자루', '무명저고리'의 상징적 소재분석이다. 이팝나무는 시의 배경이자 핵심적인 상징이다. 이팝나무의 하얀 꽃잎은 어머니의 순수함, 희생, 그리고 무한한 사랑의 상징이다. '흰 꽃잎이 쏟아지는 오후'는 어머니의 은혜가 마치 눈처럼 혹은 쌀처럼 풍성하게 쏟아지는 이미지로 다가온다. 또한, 이팝나무가 옛날 쌀밥처럼 보여, 배고픈 시절의 굶주림을 달래주었다는 의미를 상기시키며, 어머니의 헌신적인 사랑을 더욱 부각시키고 있다.

　80kg 쌀자루 역시 어머니의 고단했던 삶과 짊어진 무게를 구체적으로 보여주는 상징이다. '바람이 지나가면 팔십 킬로나 나가는 큰 쌀자루가 땅 위에 흩어졌다'는 구절은 어머니가 감당했던 삶의 무게와 그 희생이 자식들에게 풍요로움으로 돌아왔음을 시각적으로 표현한 것이다. 이는 단순한 노동의 무게를 넘어선 어머니의 사랑과 헌신을 의미한다.

　무명저고리는 어머니의 검소함, 소박함, 그리고 변치 않는 사랑을 상징하고 있다. 마지막 연에서 '어머니의 무명저고리가 빨랫줄에서 힘차게 그네를 타고 있다'는 것은 어머니의 삶이 계속되고 있음을, 그리고 그 정신과 사랑이 시인의 삶 속에서 여전히 살아 숨 쉬고 있음을 드러낸 것이다. 무명저고리라는 소박한 옷이 주는 이미지는 어머니의 꾸밈없는 사랑과 희생을 더욱 도드라지게 한다.

「이팝나무 아래에서」는 '이팝나무', '쌀자루', '무명저고리'의 상징적 소재 외에도 시간의 흐름과 화자의 태도변화도 시에 잘 나타나 있다. 가령 '흰 꽃잎이 쏟아지는 오후', '어머니는 조용히 앉아 계셨다'와 같이 과거 시점으로 어머니의 모습을 회상한다. 특히 '나는 그 곁에 앉아 손끝에 닿는 환한 얼굴을 바라본다'는 구절은 어린 시절 어머니 곁에서 느꼈던 편안함과 안정감을 나타내는 것으로 과거 회상이라는 시간의 흐름을 잘 활용하고 있다.

어린 시절의 무지無知(철없음)를 시 속에 육화하여 더욱 감칠 나는 시의 맛을 독자들에게 느끼게 한다. '나는 알지 못했다. 그 조용한 무게와 흩날리는 꽃잎 속에 담긴 따스함을'이라는 고백은 철없었던 과거의 자신을 반성하고 성찰하는 핵심적인 부분이다. 이때 '나'는 어머니의 헌신을 온전히 이해하지 못했던 미숙한 존재였음을 성찰하고 있다.

박미선 시인은 「이팝나무 아래에서」에서 현재의 깨달음과 성찰을 심상을 털어놓는다. '오늘'이라는 시점을 통해 시인의 현재의 성숙한 시각을 제시한다. 과거에는 알지 못했던 어머니의 사랑과 희생의 진정한 의미를 이제야 깨닫게 되었음을 고백하며, 이는 단순한 회상을 넘어선 깊은 성찰의 결과이다. 어머니의 '조용한 무게'와 '흩날리는 꽃잎 속 따스함'은 현재에 이르러 이해하게 되고, 어머니의 진정한 사랑의 본질을 보여준다.

시인은 지금 시대에 많이 사용되는 시창작 기법인 묘사 image를 적절히 사용하고 있다. 즉 감각적 표현과 정서적 깊이를 더해 가는 시각적 심상, 촉각적 심상, 청각적 심상, 그리고 공감각적 심상을 효율적으로 적용한다는 것이다. 가령 '흰 꽃잎이 쏟아지는', '환한 얼굴', '주름진 손등', '무명저고리' 등 시각적 이미지를 풍부하게 사용하여 독자가 어머니의 모습을 생생하게 떠올리도록 돕고 있다. 또 '손끝에 닿는', '말없이 건네는 온기' 등의 표현은 어머니의 따뜻한 사랑과 존재를 피부로 느끼는 듯한 생생함을 촉각적 심상으로 전달하고 있으며, '그 속삭임은 햇살보다 부드럽고 바람보다 깊다'는 어머니의 말이 직접적으로 들리지 않아도 그 안에 담긴 깊은 사랑과 지혜를 청각적으로 느끼게 하는 청각적 심상을 감각적으로 사용하였다. '세상을 환하게 채운다'는 어머니의 존재가 세상을 밝히는 빛처럼 느껴지는 공감각인 표현으로, 어머니의 존재가 가진 긍정적인 영향을 강조했다.

이러한 분석들을 종합해 볼 때, 「이팝나무 아래에서」의 주제는 어머니의 헌신적인 사랑과 희생에 대한 뒤늦은 깨달음과 감사, 그리고 그 사랑을 온전히 이해하지 못했던 과거 자신에 대한 성찰이라고 할 수 있다. 시인은 이팝나무, 쌀자루, 무명저고리와 같은 구체적인 상징물들을 통해 어머니 삶의 무게와 사랑을 시각화하고, 과거와 현재의 시점을 대비시켜 화자의 내면적 성장을 보여주었다. 이를 통해 독자에게도 어머니의 사랑에 대한 깊은 공감과 성찰의 기회를 제공했다는 평가를 내릴 수 있다.

이 밖에도 「대관령 옛길 노무현대통령쉼터」, 「마음의 신록, 회복의 노래」, 「무너진 1.5도」, 「무상수리 고객통지문」, 「붉은 작약」, 「아버지의 그림자」, 「이팝나무 아래에서」 등이 반추와 성찰하는 대표적인 시로 분류할 수 있다.

박미선 시인의 시집 『저녁물살이 호수처럼 가슴에 고일 때』를 여러 측면에서 두루 살펴보았다. 이 시집에서는 "왜 시를 쓰는가"를 말하고 있다. 시는 거창하지도 않고 화려하지 않으며, 소란스럽지 않다. 서민적이고, 수수하며, 조용하다. 더 나아가 아무 때나 침묵하지 않는다. 이런 의미를 박미선 시인은 이번에 출판하는 시집 『저녁물살이 호수처럼 가슴에 고일 때』를 통해 잘 드러내고 있으므로, 이 시집을 읽는 독자들에게 시인이 무엇인가를 분명하게 들려주는 시집이 될 것을 기대하며, 시해설을 마친다. 끝으로 시집 상재를 진심으로 축하한다.

〈끝〉

| 박미선 |

강릉에서 출생하였으며,
강릉원주대학교 국어국문학과 문학박사수료,
2015년 〈현대시조〉계간 가을호에 시조가 당선되었다.

이메일 : 0173734671@hanmail.net

박월당 시인선 11
저녁 물살이
호수처럼 가슴에 고일 때

초판 인쇄 · 2025년 06월 29일
초판 발행 · 2025년 06월 30일

지은이 · 박미선
펴낸이 · 박월당
펴낸곳 · 성원인쇄문화사

강원특별자치도 강릉시 성덕포남로 188
출판등록 · 강릉2007-5
대표전화 · (033)652-6375
이메일 · 6526375@naver.com

ⓒ 박미선 2025
ISBN 979-11-92224-54-1(03800)

값 12,000원

※ 잘못된 책은 바꾸어 드립니다.